Bandnudeln (Fettucini)

Tortellini

Cannelloni

Basilikum

Rosmarin

Petersilie

Muscheln

Zöpfli

Hörnchen

Ravioli

Schnittlauch

Dill

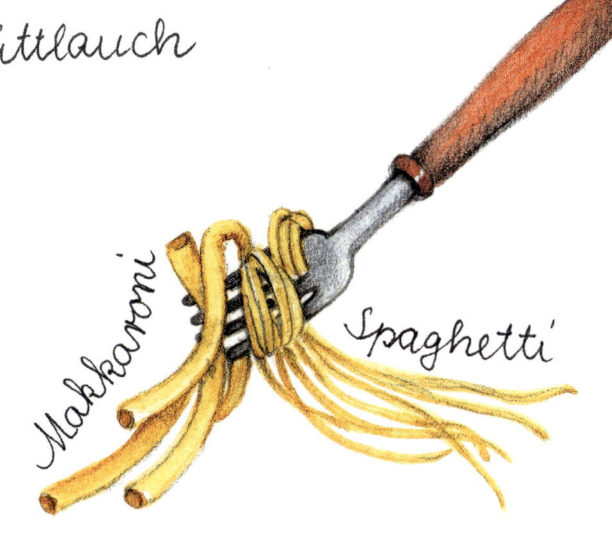

Makkaroni

Spaghetti

Schleifen

Majoran

Sternchen

Dieses Buch gehört:

_____

Mein Märchenkochbuch

Märchenhafte Rezepte für kleine Hexen, große Zauberer,
Küchenzwerge, Vorspeisenkönige, Nachtischprinzessinnen und Suppenkasper,
angerührt und ausgekocht von Ursel Scheffler,
dekoriert und angerichtet von Jutta Timm

Anaconda

Das Besondere an diesem Kochbuch

Es ist märchenhaft einfach, danach zu kochen

Jedes Kapitel beginnt mit einem einfachen Grundrezept, das man leicht im Kopf behalten und immer wieder verwenden kann. Es ist in Wort und Bild so anschaulich geschildert, dass es einigermaßen geschickte Kochzwerge leicht nachkochen können. Aus dem Grundrezept werden weitere Rezepte entwickelt. Der Märchenkoch wird angeregt, diese Rezepte abzuwandeln und nach eigenem Geschmack fantasievoll zu verändern. In der Küche ist Fantasie nämlich genauso wichtig wie im Märchen!

Tipps, Kniffe und immer wieder mal einige hilfreiche Informationen über einzelne Zutaten runden die Kapitel ab.

Wer alles mitessen darf

Da wir annehmen, dass unsere Köche für andere mitkochen möchten, weil es dann besser schmeckt, sind die Rezepte für 4 Personen berechnet, wenn es nicht anders angegeben ist. Wenn also außer dir nur noch einer mitessen soll, musst du eben immer nur die Hälfte nehmen!

Wie du die »Geheimschrift« entzifferst

In allen Kochbüchern gibt es Abkürzungen für immer wiederkehrende Begriffe, die du kennen musst:

1 TL	= 1 Teelöffel voll (gestrichen, nicht gehäuft)
1 EL	= 1 Esslöffel (gestrichen, nicht gehäuft)
1 MSP	= 1 Messerspitze (z.B. bei Salz und Gewürzen)
1 l	= 1 Liter (z.B. 1 Tüte Milch)
1 g	= 1 Gramm (im Rezept sind es meist 100 g oder 250 g)
500 g	= 1 Pfund (z.B. 2 Würfel Butter, 1/2 Tüte Mehl oder Zucker)

Wir wünschen euch viel Spaß beim Kochen und guten Appetit!

Der dicke,
fette Pfannkuchen

Es waren einmal drei alte Weiber, die wollten gern einen Pfannkuchen essen. Die Erste holte ein Ei. Die Zweite brachte Milch und die Dritte Fett und Mehl. Als der dicke, fette Pfannkuchen fast fertig war und umgedreht werden sollte, hüpfte er aus der Pfanne und rollte davon.

Er lief durch die Küche, die Treppe hinunter, aus dem Haus hinaus und kantapper, kantapper in den Wald hinein.

Da begegnete ihm ein Häschen, das rief: »Dicker, fetter Pfannkuchen, bleib stehen, ich will dich fressen!«

Der Pfannkuchen aber antwortete: »Ich bin drei alten Weibern entkommen, und da sollte ich dir, Häschen Wippsteert, nicht entlaufen?«

Und er lief kantapper, kantapper weiter in den Wald hinein.

Da kam ein Wolf angelaufen und rief: »Dicker, fetter Pfannkuchen, bleib stehen, ich will dich fressen!«

Der Pfannkuchen antwortete: »Ich bin drei alten Weibern und Häschen Wippsteert entlaufen und sollte dir, Wolf Dicksteert, nicht entlaufen?« Kantapper, kantapper lief er weiter in den Wald hinein. Da kam ein Reh aus dem Unterholz gesprungen und rief:

»Dicker, fetter Pfannkuchen, bleib stehen, ich will dich fressen!«

Der Pfannkuchen antwortete: »Ich bin drei alten Weibern entlaufen, Häschen Wippsteert, Wolf Dicksteert und soll dir, Reh Blitzsteert, nicht entlaufen?«

Kantapper, kantapper lief er weiter in den Wald hinein.

Da kam eine Kuh angerannt und rief: »Dicker, fetter Pfannkuchen, bleib stehen, ich will dich fressen!« Doch der Pfannkuchen antwortete: »Ich bin drei alten Weibern, Häschen Wippsteert, Wolf Dicksteert, Reh Blitzsteert entlaufen und soll dir, Kuh Schwippsteert, nicht entlaufen?«

Kantapper, kantapper lief er weiter in den Wald hinein.

Da kam ein Schwein angelaufen und rief: »Dicker, fetter Pfannkuchen, bleib stehen, ich will dich fressen!«

Der Pfannkuchen antwortete: »Ich bin drei alten Weibern entlaufen, Häschen Wippsteert, Wolf Dicksteert, Reh Blitzsteert, Kuh Schwippsteert und soll dir, Schweinchen Ringelschwanz, nicht entlaufen?« Kantapper, kantapper lief er weiter in den Wald hinein.

Da kamen drei Kinder daher. Die hatten keinen Vater und keine Mutter mehr. Sie riefen: »Bitte lieber Pfannkuchen, bleib stehen! Wir haben den ganzen Tag noch nichts gegessen.« Da sprang der dicke, fette Pfannkuchen den Kindern in den Korb und ließ sich aufessen.

Pfannkuchen »Drei Weiber«

Wozu einem dicken, fetten Pfannkuchen nachlaufen, wenn es viel bequemer ist,
sich selbst einen zu backen?

Hier ist das Rezept für 4 Pfannkuchen:

Grundrezept

1 Tasse Mehl
1 Tasse Milch
1 MSP Salz
1 Ei
2 EL Bratfett

So wirds gemacht:

- Mehl, Milch, Eier und Salz mit dem Rührgerät zu einem glatten Teig verarbeiten
- Fett in der Pfanne erhitzen
- etwa $1/4$ der Teigmenge vorsichtig in die Bratpfanne geben und in der Pfanne hin und her bewegen, bis der Boden gleichmäßig mit dem Teig bedeckt ist
- wenn der Rand braun wird, den Pfannkuchen wenden und auch auf der anderen Seite knusprig backen

Grundrezept

2 Eier
1 MSP Salz
1 TL Zitronensaft
etwas Butter zum
Ausbacken

Omelett »Frau Holle«

Omeletts sind praktisch Pfannkuchen ohne Mehl. Locker und duftig, wie Frau Holles
frisch aufgeschüttelte Betten, schmecken sie am besten. Daher macht man nur
einen oder zwei und isst sie gleich warm aus der Pfanne.

So wirds gemacht:
- Eier, Salz und Zitronensaft leicht schaumig rühren
- Butter in der Pfanne erhitzen
- Eimasse in die Pfanne füllen, auf niedrige Hitze schalten und warten, bis das Omelett an
  der Oberseite fest zu werden beginnt. Mit dem Pfannenwender etwas hin und her schieben
- jetzt gleich die Füllung auf eine Hälfte geben, zusammenklappen und das Omelett
  auf den Teller gleiten lassen

So kannst du das Omelett verändern:
- Kräuteromelett: etwas klein gehackte Petersilie, Schnittlauch, Dill, vor dem Backen unter den
  Omeletteig mischen
- Käseomelett: vor dem Ausbacken 1 EL geriebenen Emmentaler unter die Eimasse rühren
- Schinkenomelett: 100 g gekochten Schinken sehr fein würfeln und unter die Eimasse mischen.
  Ausbacken wie im Grundrezept

Schaumomelett »Goldmariechens Leibspeise«

Für dieses Schaumomelett müssen Eigelb und Eiweiß getrennt und das Eiweiß zu »Schnee« geschlagen werden, damit das Ganze so duftig und luftig wie eine Schneewolke wird.

Grundrezept

2 Eier (getrennt)
2 EL Wasser
2 TL Zitronensaft
1 EL Zucker
2 TL Puderzucker
etwas Butter zum Ausbacken

So wirds gemacht:

- Eiweiß mit dem Wasser zu sehr steifem Schnee schlagen
- Eigelb mit Zucker und Zitronensaft schaumig rühren
- Eimasse vorsichtig unter den Eischnee heben
- Butter in der Pfanne erhitzen und Teigmasse einfüllen
- Pfanne zudecken und Omelett bei milder Hitze so lange backen, bis die Luftbläschen an der Teigoberfläche geplatzt sind und das Omelett eine kräftig gelbe Farbe hat
- die gebackene Seite über die ungebackene klappen, sodass das Omelett wie ein Halbmond aussieht. Sofort servieren.

Was gut dazu schmeckt:
fast alle Arten von frischen Früchten und Kompott

Kaiserschmarrn »Menschenfresser«

Die Menge reicht für 4 Zwerge, 2 Prinzen oder einen Menschenfresser.

Was man dazu braucht:

4 Eier (getrennt)
1 EL Zucker
1 Vanillezucker
1 MSP Salz
¼ l Vollmilch
250 g Weizenmehl
1 EL Sahne
1 EL Rosinen
1 EL Mandelstifte
100 g Butter zum Ausbacken
Zimt und Zucker zum Bestreuen

So wirds gemacht:

• Eigelb, Zucker, Vanillezucker, Salz und Milch mit dem Rührgerät verrühren
• das Mehl gut darunter mischen
• Sahne, Mandeln und Rosinen dazugeben
• das steif geschlagene Eiweiß vorsichtig darunter heben
• die Butter in der Pfanne erhitzen
• den ganzen Teig auf einmal in die Pfanne geben
• wenn die Ränder goldbraun werden, den »Pfannkuchen« mit zwei Gabeln in kleine Stücke zerrupfen und diese rundum knusprig backen. Mit Zimt und Zucker bestreuen und heiß essen.

Was gut dazu schmeckt:
Pflaumenkompott

Brombeeren

Erdbeeren

Preiselbeeren

Blaubeeren

Apfelkrapfen »Daumesdick«

Apfelkrapfen hat nicht nur der kleine Däumling, sondern haben auch alle seine
Geschwister besonders gern gegessen. Sie schafften mehr als sieben auf einen Streich!

Was man dazu braucht:
einen dicken Pfannkuchenteig
(siehe Rezept »Drei Weiber«, aber nimm nur eine halbe Tasse Milch)
zwei oder drei möglichst saure Äpfel
Zimt und Zucker zum Bestreuen
Frittierfett (z.B. Palmin oder Öl) zum Ausbacken

So wirds gemacht:
- Äpfel schälen und mit einem Apfelstecher das Kernhaus entfernen
- den Apfel in Ringe schneiden (Wenn das zu schwierig ist, kann man den Apfel auch
  einfach in Spalten schneiden!)
- Pfannkuchenteig in einen Suppenteller füllen und die Apfelstücke nach und nach darin wälzen
- die Apfelstücke mit ihrem Teigmantel danach in schwimmendem Fett in einem kleinen Topf
  (oder der Fritteuse) vorsichtig ausbacken
- wenn die »Apfelküchle« braun und knusprig sind, nimmt man sie mit einem Schaumlöffel
  oder zwei Gabeln vorsichtig heraus und wälzt sie in einem Teller mit Zimt und Zucker.

Was gut dazu schmeckt:
Vanillesoße, Eis oder Kompott

Johannisbeeren

Himbeeren

Stachelbeeren

Eisbären

Dornröschen

Vor langer Zeit lebten einmal ein König und eine Königin. Die wünschten sich ein Kind. Aber sie bekamen keins.

Einmal, als die Königin am See badete, kam ein Frosch und sagte: »Ehe das Jahr um ist, wirst du eine Tochter haben!«

Das Wunder geschah. Es war kaum ein Jahr vergangen, da kam ein wunderschönes Mädchen zur Welt.

Der König gab ein großes Fest. Er lud nicht nur alle Verwandten und Bekannten, sondern auch die weisen Frauen des Landes ein. Davon gab es dreizehn. Weil er aber nur zwölf goldene Teller hatte, musste eine von ihnen zu Hause bleiben. Als das Fest zu Ende ging, beschenkten die weisen Frauen das Kind mit ihren Wundergaben: mit Tugend, mit Schönheit, mit Reichtum und mit allem, was man sich sonst noch wünschen kann. Als die elfte Fee ihren Spruch vorgetragen hatte, trat plötzlich die dreizehnte herein und sprach mit böser Miene: »Die Königstochter soll sich in ihrem fünfzehnten Jahr an einer Spindel stechen und sterben!« Dann drehte sie sich um und verschwand.

Alle schwiegen erschrocken. Da trat die zwölfte Fee hervor, die ihren Wunsch noch übrig hatte, und sagte: »Es soll kein Tod sein, sondern nur ein hundertjähriger tiefer Schlaf!«

Aus Angst um das Leben seiner Tochter ließ der König sofort alle Spindeln im Lande verbrennen.

Das Mädchen wuchs heran und man sah, dass sich alle guten Wünsche der Feen erfüllten. An seinem fünfzehnten Geburtstag lief es für eine kurze Zeit allein im Schloss umher. Es kam zu einem alten Turm und stieg neugierig die Wendeltreppe hoch. An deren Ende steckte in einer kleinen Tür ein verrosteter Schlüssel. Als die Prinzessin ihn berührte, sprang die Tür auf. In der kleinen Stube saß eine alte Frau und spann.

»Was ist das für ein Ding, das so lustig herumspringt?«, fragte das Mädchen, das noch nie eine Spindel gesehen hatte. Kaum hatte es die Spindel berührt, stach es sich damit in den Finger und fiel in einen tiefen Schlaf.

Dieser Schlaf breitete sich über das ganze Schloss aus. Der König und die Königin, der ganze Hofstaat, die Pferde im Stall, die Hunde im Hof, die Tauben auf dem Dach und die Fliegen an der Wand schliefen ein. Das Feuer im Herd hörte auf zu flackern, und der Braten im Topf brutzelte nicht mehr. Selbst der Koch, der dem Küchenjungen soeben eine Ohrfeige verpassen wollte, schlief mit diesem im Stehen ein.

Rings um das Schloss wuchs eine Dornenhecke. Die Sage vom schlafenden Dornröschen verbreitete sich im Land.

Von Zeit zu Zeit kamen Königssöhne und wollten durch die Hecke in das Schloss. Aber sie blieben darin hängen und verloren ihr Leben.

Nach vielen, vielen Jahren kam wieder einmal ein Königssohn vorbei. Der hörte von einem alten Mann die Geschichte von dem schlafenden Dornröschen. Er wollte unbedingt in das Schloss und das schlafende Mädchen sehen. Und weil gerade die hundert Jahre um waren, gelang es ihm auch, die Dornenhecke zu durchdringen.

Im Schlosshof sah der Prinz die schlafenden Pferde, Hunde und Tauben. In der Küche traf er den schlafenden Koch, den Küchenjungen und die Magd, die gerade das Huhn rupfen wollte. Der ganze Hofstaat schlief, und im Thronsaal schliefen der König und die Königin.

Endlich kam der Prinz zu dem Turm. Er stieg die Treppe hinauf und fand in der Turmkammer das schlafende Dornröschen. Es war noch viel schöner, als es der alte Mann beschrieben hatte. Der Prinz bückte sich und küsste es.

Da schlug Dornröschen die Augen auf und auch der König, die Königin und der ganze Hofstaat erwachten. Selbst das Feuer in der Küche begann wieder zu flackern, und der Braten fing an zu brutzeln. Der Koch gab dem Küchenjungen eine saftige Ohrfeige, und die Magd rupfte das Huhn.

Schon bald darauf wurde die Hochzeit des Königssohnes mit Dornröschen gefeiert, und sie lebten vergnügt bis an ihr Ende.

Der Nudelkochkurs

Ganz gleich, ob die Nudeln selbst gemacht oder gekauft sind: Sie müssen gekocht werden.
Die Kochmethode ist für alle gleich.

Grundrezept

In einem großen Topf reichlich Wasser zum Kochen bringen
(2 Liter für 250 g Nudeln)
I TL Salz und I EL Speiseöl dazugeben
(dann kleben die Nudeln nicht!)
Nudeln ins kochende Wasser geben, einmal kurz umrühren
bei kleiner Hitze ca. IO Minuten weiterkochen
(Abweichende Kochzeitangaben auf der Packung beachten!)

Im Zweifelsfall probieren:
Nudeln sollen nicht zu weich, sondern »bissfest« sein, »al dente«, wie der Italiener sagt.
- Die fertig gekochten Nudeln in ein Sieb schütten und mit lauwarmem Wasser »abschrecken«.
- Einen TL frische Butter dazugeben. Auf Wunsch etwas geriebenen Käse darüber streuen.
  So kommen alle Nudelarten lecker und locker auf den Teller.

Spaghetti Bolognese

(wie sie Dornröschen mochte)

Was man dazu braucht:

250 g Spaghetti
2 EL Öl
250 g gemischtes Hackfleisch
etwas Salz, Pfeffer, Thymian
1 fein geschnittene Zwiebel
2 TL Oregano
4 EL Tomatenmark
1/4 l Wasser
2–3 EL geriebenen Käse zum Bestreuen

So wirds gemacht:

- Spaghetti nach Grundrezept abkochen
- Zwiebeln in Öl andünsten
- Hackfleisch zufügen, anbraten und so lange dämpfen, bis es die rote Farbe verloren hat (etwa 5 Minuten)
- Tomatenmark und Gewürze hinzufügen
- Wasser zugießen, gut umrühren und noch einige Minuten bei geringer Hitze kochen lassen
- Soße über die fertigen Spaghetti geben und mit Käse bestreuen

Spaghetti-Tipp:

Mancher kämpft mit seinem Spaghettiteller wie der Prinz mit der Dornröschenhecke. So bleibst du Sieger: Wenige Spaghetti (2–3) mit den Gabelspitzen aufpicken. Gabel auf dem Tellerboden aufsetzen und kreisförmig drehen. Jetzt »spulst« du ein Spaghettipäckchen auf, das du anschließend aufessen kannst, ohne »Masern« zu bekommen.

Spaghetti »Schneeweißchen«

Für Leute, die keine Tomatensoße mögen, kann man Spaghetti auch »schneeweiß« zubereiten.

Was man dazu braucht:

125 g Spaghetti

100 g durchwachsenen Speck

1 EL Butter

1 Becher Crème fraîche

Gewürze: Salz, Pfeffer, Muskat

1 TL gehackte Petersilie oder Basilikum

Wenn gewünscht, geriebener Käse

So wirds gemacht:

- 125 g Spaghetti nach Grundrezept zubereiten
- 100 g durchwachsenen Speck würfeln und in der Butter anbraten
- Crème fraîche unterrühren, aufkochen lassen
- Soße mit Gewürzen abschmecken
- 1 TL gehackte Petersilie oder Basilikum unterheben
- mit geriebenem Käse bestreuen

Nudelauflauf »Märchenkoch«

Was man dazu braucht:

250 g gekochte Nudeln • 200 g gekochten Schinken

1 Dose Erbsen und Wurzeln • 30 g Butter

4 Eier • Salz, Muskat

1/4 l Milch • 50 g geriebener Käse

So wirds gemacht:

- die Nudeln, den gewürfelten Schinken und das abgetropfte Gemüse in eine gebutterte Auflaufform schichten
- Eier, Milch, Salz und Muskat verquirlen und über die Nudeln gießen
- den Auflauf mit Butterflöckchen und Käse belegen
- bei 200 °C im vorgeheizten Backofen ca. 30–40 Minuten backen

Tortellini »Küchenjunge«

Tortellini mag Dornröschens Küchenjunge besonders gern.
Und sie schmecken so gut, dass sie eine Ohrfeige wert sind!

Was man dazu braucht:
250 g fertige Tortellini
1 Becher Crème fraîche (Sauerrahm)
100 g zerkleinerte Walnüsse
1 Suppenwürfel
etwas Muskat

So wirds gemacht:
- fertige Tortellini nach Grundrezept abkochen, jedoch im Kochwasser statt Salz einen Suppenwürfel auflösen
- etwa nach 15 Minuten sind die Tortellini »bissfest«
- abgießen, die Crème fraîche und die Nüsse darunter rühren
- etwas Muskat (und wenn gewünscht auch Käse) darüber reiben

Hokuspokus-Nudelrest

Jeder Nudelrest ein Nudelfest! Hier ist ein schnelles und einfaches Rezept,
das du mit anderen Zutaten verändern kannst.

Was man dazu braucht:
125 g Nudelreste (wenn mehr, dann mehr Eier)
1 Ei
1 EL Margarine oder Butter
Pfeffer und Salz

So wirds gemacht:
- Fett in der Pfanne erhitzen
- die Nudeln hineingeben und goldbraun backen
- das Ei im Teller schlagen, mit Salz und Pfeffer würzen und zum Schluss über die fast fertigen Nudeln in die Pfanne geben. Wenn das Ei fest ist, ist dieses Schnellgericht fertig.

Wenn du alle diese Nudelrezepte ausprobiert hast, kannst du
deinen Nudelteig auch selber machen. Das ist gar nicht so schwer.

Spätzleteig »Sieben Schwaben«

Grundrezept

500 g Mehl
4 Eier
1 MSP Salz
1 Tasse Wasser
1 Spätzlehobel

So wirds gemacht:

- Mehl, Salz und Eier mit dem Rührgerät vermengen, von der Tasse Wasser so viel dazugeben,
  dass es ein zähflüssiger Teig wird: große Eier – weniger Wasser, kleine Eier – etwas mehr Wasser
- 2 l Wasser mit 1 EL Öl und 1 TL Salz zum Kochen bringen
- den Trichter des Spätzlehobels mehrmals mit Teig füllen und durch Hin- und Herbewegen
  die Spätzle (Knöpfle) in das heiße Wasser hobeln
- Wenn die Spätzle an der Wasseroberfläche schwimmen, sind sie fertig. Mit dem
  Schaumlöffel herausnehmen und mit etwas Butter in eine Schüssel geben
  - jetzt die nächste Portion genauso zubereiten

Der süße Brei

Es war einmal ein armes Mädchen, das lebte mit seiner Mutter allein in einem Haus in der Stadt. Als sie nichts mehr zu essen hatten, ging das Kind in den Wald, um Beeren zu sammeln.

Da begegnete ihm eine alte Frau, die wusste von seiner Not und sagte: »Hier ist ein Töpfchen. Wenn du ihm befiehlst ›Töpfchen koche!‹, dann kocht es süßen Hirsebrei. Wenn du aber sagst ›Töpfchen steh!‹, dann hört es damit wieder auf.«

Froh lief das Mädchen nach Hause und brachte den Topf seiner Mutter. Nun konnten sie süßen Brei essen, sooft sie wollten, und brauchten nicht zu verhungern.

Eines Tages war das Mädchen ausgegangen. Da bekam die Mutter Hunger, nahm den Topf und sagte: »Töpfchen koche!« Da kochte es den süßesten Brei, und die Mutter aß sich satt daran. Als sie wollte, dass der Topf wieder aufhörte, wusste sie das richtige Wort nicht. Der Topf kochte und kochte. Der Brei stieg über den Rand, füllte die Küche und das ganze Haus, das Nachbarhaus, die Straße und die Stadt, als wollte er die ganze Welt satt machen. Die Not war groß, und keiner konnte helfen.

Endlich, als nur noch ein Haus zu sehen war, kam das Mädchen zurück. Es sagte nur: »Töpfchen steh!«

Da hörte das Töpfchen zu kochen auf. Wer aber von da an in die Stadt wollte, der musste sich durch einen Berg aus süßem Brei essen.

Reis aus dem Zaubertopf

Reis »vermehrt« sich beim Kochen, wie im Märchen mit dem Zaubertopf!
Das kommt daher, dass der Reis die Flüssigkeit (Milch, Wasser, Fleischbrühe) aufsaugt
wie ein trockener Schwamm und zur 2– bis 3fachen Menge aufquillt. So wird er weich, und
du kannst ihn essen.

Grundrezept Wasserreis

1 Tasse Reis
2 1/2 Tassen Wasser
1 MSP Salz

So wirds gemacht:

- Reis, Wasser und Salz in einem Topf zum Kochen bringen
- dann sofort auf kleine Hitzestufe schalten und den Reis bei geschlossenem Deckel
  20 Minuten ausquellen lassen (Küchenwecker stellen!)

Reiskochen ist also keine Hexerei. Man muss nur sehen, dass man immer die richtige Menge Flüssigkeit dazugibt und den Reis lange genug bei kleiner Hitze »quellen« lässt.

Das dauert beim Reis, der mit Wasser gekocht wird, genau 20 Minuten, beim Milchreis 40 Minuten und oft noch ein bisschen länger. Er braucht auch etwas mehr Flüssigkeit.

Grundrezept Milchreis

1 Tasse Milchreis
4 Tassen Milch
2 EL Zucker
1 Prise Salz

So wirds gemacht:

- Milch mit Zucker und Salz zum Kochen bringen
- Reis einrühren und bei kleiner Hitze 40 Minuten im offenen Topf langsam quellen lassen, dabei mehrfach umrühren

Was gut dazu schmeckt:

Zimt und Zucker und alle Arten von Kompott

1 Tasse Reis   4 Tassem Milch   2 Esslöffel Zucker   1 Messerspitze Salz

Reisauflauf »Märchenpfanne«

Was man dazu braucht:

kalten Milchreis nach Grundrezept (S. 27)
100 g Butter
4 EL Zucker
Vanillezucker
3 Eigelb
abgeriebene Schale einer ungespritzten Zitrone
100 g Mandelstifte
100 g Rosinen
3 Eiweiß und 1 EL Zucker

So wirds gemacht:

- Butter, Zucker, Vanillezucker und Eigelb schaumig rühren
- Zitronenschale, Mandeln und Rosinen dazugeben
- alles unter den kalten Milchreis rühren
- das Eiweiß mit dem EL Zucker zu Schnee schlagen und 2/3 davon darunter heben
- in eine gebutterte Auflaufform füllen, den restlichen Schnee darüber verteilen und bei 180 °C etwa 30–40 Minuten backen

Was gut dazu schmeckt:

Sauerkirschen, Heidelbeeren und alle Arten von Kompott

Risotto für Otto

Was man dazu braucht:
1 Tasse Reis
2 1/2 Tassen Fleischbrühe
1 Zwiebel
2 EL Öl

So wirds gemacht:
- Zwiebel schälen, würfeln und im Öl hellgelb anbraten
- Reis zu den Zwiebeln geben und unter Wenden anbraten, bis die Reiskörner glasig sind
- mit der heißen Fleischbrühe auffüllen und wie im Grundrezept (S. 26) 20 Minuten fertig quellen lassen

So kannst du dein Risotto verändern:
- Erbsen unter den Reis mischen. Das nennt man »Risi-Bisi«
- 4 Tassen oder Becher mit kaltem Wasser ausspülen, den gegarten Reis fest hineindrücken und dann auf eine vorgewärmte Platte stürzen, vielleicht mit Gemüse verzieren. Das ist eine hübsche Art, Reis zu servieren.
- eine Reisrandform mit Öl auspinseln, den fertigen Reis einfüllen, fest andrücken und im Backofen 10 Minuten erhitzen. Dann vorsichtig auf eine vorgewärmte Platte stürzen. In das »Loch« des Reisrandes kann man Gemüse, Pilze, Ragout oder Hackfleischsoße füllen.

Bestimmt fallen dir jetzt noch viele Möglichkeiten ein, dein Risotto zu verändern.
Vielleicht mit Schinkenwürfeln, Pilzen oder Kräutern?

Was gut dazu schmeckt:
Tomatensoße und geriebener Käse

Die Bremer Stadtmusikanten

Es war einmal ein Esel, der hatte seinem Herrn lange Jahre treu gedient. Als er alt und grau war, wollte ihn sein Herr aus dem Weg schaffen. Da lief der Esel davon. Er dachte: »Vielleicht kann ich in Bremen Stadtmusikant werden.«

Unterwegs traf er einen Jagdhund, eine Katze und einen Hahn. Denen war es ähnlich ergangen. Sie schlossen sich dem Esel an. Wenn sie auch nicht mehr arbeiten konnten, so hofften sie doch, dass sie sich mit ihren Stimmen den Lebensunterhalt verdienen könnten.

Am Abend kamen die Tiere an einen Wald. Dort wollten sie übernachten. Der Esel und der Hund legten sich unter einen großen Baum. Die Katze kletterte auf den Baum hinauf, und der Hahn flog hinauf bis in den Wipfel. Dort fühlte er sich am sichersten. Plötzlich entdeckte der Hahn in der Ferne ein Licht.

»Lasst uns hingehen!«, sagte der Esel. »Vielleicht gibt es dort etwas zu essen!« Auch der Hund hatte schrecklichen Hunger.

Sie liefen auf das Licht zu und kamen an ein hell erleuchtetes Räuberhaus.

Der Esel war der Größte. Er spähte durchs Fenster. Er sah einen Tisch, an dem die Räuber saßen und es sich schmecken ließen. Und weil alle vier solchen Hunger hatten, überlegten sie, wie sie an das Essen kommen könnten. Schließlich hatten sie einen Plan.

Der Esel stellte sich mit den Vorderhufen auf das Fenster. Der Hund sprang auf seinen Rücken. Die Katze kletterte auf den Hund und der Hahn flog hinauf und setzte sich der Katze auf den Kopf. Plötzlich fingen sie ein schreckliches Konzert an:

Der Esel schrie, der Hund bellte, die Katze miaute und der Hahn krähte aus Leibeskräften. Dann stürzten sie durch das Fenster in die Stube hinein. Die Räuber dachten, es seien Gespenster! Erschrocken sprangen sie auf und liefen in großer Angst in den Wald hinein. Jetzt setzten sich die vier Tiere an den Tisch und aßen sich satt. Dann löschten sie das Licht und legten sich schlafen. Nach Mitternacht kamen die Räuber zurück. Sie sahen kein Licht und schickten einen ins Haus, der sich umsehen sollte. Der hielt die Augen der Katze für glühende Kohlen und wollte daran ein Hölzchen entzünden. Aber die Katze verstand keinen Spaß und sprang ihm ins Gesicht. Er wollte zur Hintertür hinaus. Aber da lag der Hund und biss ihn ins Bein. Als er am Mist vorbeirannte, gab ihm der Esel einen tüchtigen Tritt. Der Hahn aber schrie vom Balken herab: Kikeriki!

Da lief der Räuber zu seinem Hauptmann zurück und sagte: »Im Haus sitzt eine gräuliche Hexe! Sie hat mir mit ihren langen Fingern das Gesicht zerkratzt. Neben der Tür steht ein Mann mit einem Messer. Der hat mich ins Bein gestochen. Auf dem Hof liegt ein Ungetüm, das hat mich mit einer Keule geschlagen. Und auf dem Dach sitzt ein Richter, der schrie: ›Bring mir den Dieb!‹ Da machte ich, dass ich davonkam.«

Von da an trauten sich die Räuber nicht wieder ins Haus. Den vier Bremer Stadtmusikanten aber gefiel es dort so gut, dass sie nicht wieder wegwollten.

Kartoffel

Gebackene Kartoffeln »Lagerfeuer«

So wirds gemacht:

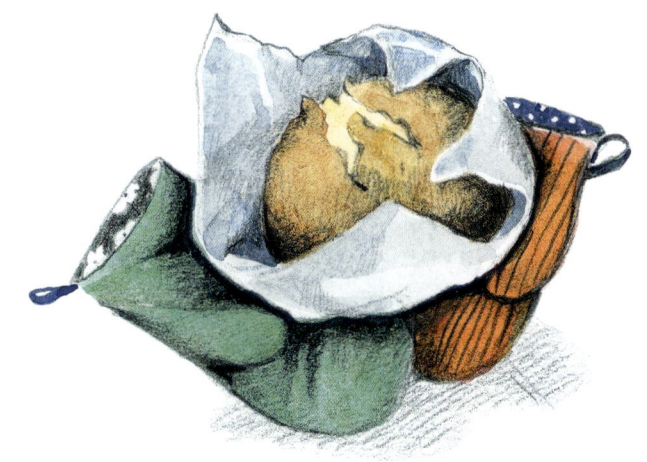

- Kartoffeln waschen und in Alufolie wickeln
- 1 Stunde bei 200–250 °C im Backofen garen
- danach Kartoffeln »aus dem Feuer« holen und einen Schlitz in Folie und Kartoffeln machen
- etwas Salz und ein Butterstückchen hineingeben oder mit einer leckeren Soße »verzaubern«

  Ganz gleich, ob du die Kartoffeln im Lagerfeuer, im Backofen oder auf dem Grill garst: Wichtig ist, dass du eine möglichst große, mehlige Sorte wählst!

Was gut dazu schmeckt:

Quark-Rahm-Soße:

- 250 g Quark mit einem halben Becher Sauerrahm (oder Crème fraîche) verrühren. Mit Salz, Pfeffer, Kümmel würzen und über die aufgeschlitzte gebackene Kartoffel geben
- **Variation I:** Mit frischen Kräutern, Petersilie, Schnittlauch, Dill erhältst du eine Quark-Rahm-Kräutersoße
- **Variation II:** Wenn du zusätzlich noch 50 g gekochten Schinken in Streifen schneidest und darunter mischst, erhältst du eine Quark-Rahm-Kräuter-Schinken-Soße

Und wie heißt deine persönlich erfundene Soße?

Gabelprobe:

Es gibt große und kleine, fest kochende und mehlige Kartoffelsorten, die auch etwas unterschiedliche Garzeiten haben. Wenn man mit einer Gabel in die Kartoffel sticht, spürt man deutlich, ob sie noch hart oder schon gar ist.

Pellkartoffeln »Räuberlust«

Pellkartoffeln sind genauso leicht zuzubereiten wie Backkartoffeln.
Sie haben den Vorteil, dass sie etwas schneller gar sind.

Grundrezept

Kartoffeln säubern
1–2 Tassen Wasser in einen Topf mit gut schließendem Deckel geben
und die Kartoffeln hineinlegen
das Wasser zum Kochen bringen (Stufe III). Sobald zwischen Deckel
und Topf ein Dampffähnchen entweicht, die Temperatur auf
niedrige Stufe (I) herunterschalten
Garzeit 25–35 Minuten (Gabelprobe!)

Wenn du die Kartoffeln nach unserem Grundrezept zubereitest, werden die wasserlöslichen
Vitamine nicht verkocht und du sparst Zeit und Energie.
Die Kartoffeln garen im Wasserdampf. Der ist heißer als Wasser. Außerdem erhitzt du nur
eine kleine Wassermenge. Daher geht es schneller und du brauchst weniger Strom.

Gratin »Kartoffelkönig«

Das Gratin (das ist französisch und heißt »das Überbackene«) ist eine leckere Kartoffelspeise,
die sicherlich auch an der Tafel eines Märchenkönigs nicht verschmäht worden wäre –
und sie ist märchenhaft leicht zuzubereiten:

Was man dazu braucht:
5–6 mittelgroße Kartoffeln
eine gebutterte Auflaufform
Salz, Pfeffer, etwas Muskat
1 Becher süße oder saure Sahne

So wirds gemacht:
- Kartoffeln schälen und auf dem Gurkenhobel in Scheiben hobeln (Achtung, Fingerspitzen!)
- die Kartoffelscheiben in einem Sieb kurz mit heißem Wasser übergießen,
  damit sie nicht braun werden Abtropfen lassen.
- Kartoffel nach und nach in etwa 3 flachen Schichten (nicht mehr, damit das Gratin
  schön knusprig wird!) in eine gebutterte Auflaufform legen, dazwischen etwas Salz, Pfeffer
  und Muskat streuen. Wenn ihr eine größere Menge zubereiten wollt, nehmt ein Kuchenblech.
- einen Becher Sahne verrühren und darüber gießen
- bei 200– 220 °C im vorgeheizten Ofen etwa 40 Minuten backen

So kannst du das Gratin verändern:
- vor dem Backen mit Käse bestreuen
- Schinkenstreifen darüber legen oder kleine Schinkenwürfel darunter mischen
- zwischen die Kartoffeln fein gehobelte Karotten oder Zucchini-Scheiben geben und
  den Auflauf mit Käse und Butterflöckchen bestreuen

Der Fischer und seine Frau

Es war einmal ein Fischer, der wohnte mit seiner Frau in einer winzigen Hütte am Meer. Eines Tages fing er einen großen Butt. Der Fisch sah ihn traurig an und sagte: »Bitte, lass mich wieder frei, ich bin ein verzauberter Prinz!« Da warf der Fischer den Butt ins Meer zurück.

»Hast du nichts gefangen?«, erkundigte sich die Frau des Fischers, als er nach Hause kam. Der Fischer erzählte von dem seltsamen Fisch.

»Was? Und du hast ihn einfach schwimmen lassen und dir nichts gewünscht?«, schimpfte seine Frau.

»Was sollte ich mir wünschen?«, sagte der Mann.

»Dass wir nicht länger in der stinkenden Hütte wohnen, sondern in einem richtigen Haus!«, sagte die Frau.

Da ging der Fischer zum Meer zurück und rief: »Manntje, Manntje, Timpe Te, Buttje, Buttje in der See, meine Frau, die Ilsebill, will nicht so, als ich wohl will.«

Das Meer war grün und gelb und schäumte. Der Butt kam angeschwommen und sagte: »Na, was will sie denn?«

»Sie will ein Haus haben!«, sagte der Fischer verlegen. »Geh hin. Sie hat es schon!«, antwortete der Butt.

Als der Fischer heimkam, saß seine Frau auf der Bank vor einem hübschen Haus. Es war eingerichtet mit allem, was man zum Leben brauchte. Ringsherum war ein Garten mit Obstbäumen und Gemüse. Im Stall waren Hühner und Enten. Sie hatten nun alles, was sie zum Leben brauchten. Eine Weile lebten der Fischer und seine Frau zufrieden in dem neuen Haus. Doch eines Morgens meinte die Frau: »Das Haus ist ein bisschen eng und der Garten recht klein. Der Butt hätte uns ein größeres geben können. Am liebsten möchte ich in einem Schloss wohnen. Geh hin zum Butt. Er soll uns eins schenken!« Schweren Herzens ging der Fischer wieder ans Meer. Das Wasser war ganz violett und dunkelblau.

Er stellte sich hin und rief: »Manntje, Manntje, Timpe Te, Buttje, Buttje in der See, meine Frau, die Ilsebill, will nicht so, als ich wohl will.«

»Na, was will sie denn?«, fragte der Butt.

»Sie will ein Schloss haben!«

»Geh hin. Sie hat es schon!«, antwortete der Butt.

Als der Fischer zurückkam, stand da ein großer steinerner Palast. Bedienstete rissen die Türen auf. Die Treppen waren aus Marmor, die Leuchter aus Kristall und Stühle und Tische aus Gold. Gutes Essen und der allerbeste Wein standen auf den Tischen. Auf dem Hof war ein Stall mit Pferden und Kutschen. Als die Frau am nächsten Morgen erwachte und durch das Palastfenster auf ihren Besitz sah, sagte sie: »Könnten wir nicht König und Königin sein?«

»Ich will nicht König sein«, sagte der Mann.

»Aber ich will Königin sein! Geh hin zum Butt und sag es ihm!« Der Fischer wollte nicht gehen. Aber seine Frau ließ ihm keine Ruhe. So lief er schließlich doch an den Strand und rief: »Manntje, Manntje, Timpe Te, Buttje, Buttje in der See, meine Frau, die Ilsebill, will nicht so, als ich wohl will.«

Die See war schwarzgrau und das Wasser schäumte.

»Na, was will sie denn?«, sagte der Butt.

»Sie will Königin werden!«, sagte der Fischer.

»Geh nur hin. Sie ist es schon!«, antwortete der Butt.

Als der Fischer zurückkam, saß seine Frau auf einem Thron aus Gold und Diamanten. Sie hatte eine Krone auf dem Kopf und ein Zepter in der Hand. Aber wenn der Fischer gedacht hatte, seine Frau sei nun zufrieden, so hatte er sich geirrt. Sie wollte noch Kaiser und Papst werden! Jedes Mal ging der Fischer zum Strand. Und jedes Mal erfüllte ihm der Butt den Wunsch. Seine Frau war aber immer noch unzufrieden. »Ich möchte die Sonne und den Mond aufgehen lassen! Ich möchte werden wie der liebe Gott!«, sagte sie schließlich. Der Mann erschrak und fiel vor ihr auf die Knie: »Das kann der Butt nicht!« Da wurde die Frau so wütend, dass sie tobte und schrie.

In seiner Verzweiflung lief der Fischer wieder ans Meer. Der Sturm brauste, dass er kaum auf den Füßen stehen konnte. Der Himmel war pechschwarz. Es donnerte und blitzte. Der Fischer rief, so laut er konnte: »Manntje, Manntje, Timpe Te, Buttje, Buttje in der See, meine Frau, die Ilsebill, will nicht so, als ich wohl will.«

»Na, was will sie denn?«, sagte der Butt.

»Sie will wie der liebe Gott werden!«

»Geh zu ihr hin! Sie sitzt schon wieder in ihrer winzigen Fischerhütte!«, sagte der Butt. Und wenn sie nicht gestorben sind, leben sie heute noch dort.

Rotbarsch

Scholle

Hering

Forelle

Karpfen

Kabeljau

Fischstäbchen

Fisch, wie ihn auch der Fischer mag

Keine Angst vor Fisch, liebe Märchenköche! Fisch ist ein sehr schmackhaftes und bekömmliches Essen, das wirklich »märchenhaft« einfach zuzubereiten ist. Man muss nur ein paar einfache Regeln beachten.

Wenn du deinen Fisch nicht selbst fängst, wie der Fischer den Butt, dann kaufst du ihn am besten in einem guten Fischgeschäft. Dort wird er ausgenommen und koch- oder bratfertig hergerichtet. Auch der tiefgekühlte Fisch wird gleich nach dem Fangen schon küchenfertig eingefroren. Die Zubereitung ist schnell und praktisch.

Grundrezept Fisch

Bei der Zubereitung musst du an drei Dinge mit »S« denken:
- man muss ihn **säubern** (waschen, schuppen oder entgräten)
- man muss ihn **säuern** (mit Zitronensaft und Essig)
- man muss ihn **salzen** (eventuell noch mit Kräutern würzen)

Jetzt kannst du den Fisch braten, grillen oder in einem Sud gar ziehen lassen.

Statt Forelle kannst du auch
anderen Fisch oder Fischfilet
nehmen und genauso zubereiten.

Forelle »Müllerin«

Den vorbereiteten Fisch in Mehl wenden und in
I EL Butter bei mittlerer Hitze von jeder Seite 5 Minuten braten

Mandelforelle

Den vorbereiteten Fisch in Mandelplättchen und dann in Mehl wenden. In der Pfanne
I EL Butter erhitzen und den Fisch bei mittlerer Hitze I0 Minuten auf beiden Seiten braten

Forelle (gegrillt)

Den vorbereiteten Fisch (Grundrezept) mit Kräutern (z.B. Dill, Estragon, Petersilie) füllen.
Die Haut 4- bis 5-mal mit dem Messer einritzen. Mit Öl bestreichen und auf einer Alufolie
etwa I0 Minuten grillen

Forelle (blau)

Forelle nach Grundrezept vorbereiten. In I l Wasser gibst du 1/4 l Essig, den Saft einer Zitrone
und 1/2 TL Salz. Die Forelle 8–I0 Minuten im zugedeckten Topf gar ziehen lassen. Fertig!

Fischstäbchen »Ilsebill«

Die kocht des Fischers Frau, wenn der Fischer keinen Fisch nach Hause bringt.
Und wie ich weiß, werden sie auch von kleinen fixen Köchen geschätzt.

Was man dazu braucht:
1 Päckchen tiefgefrorene Fischstäbchen
1–2 EL Fett zum Ausbacken
1 Zitrone

So wirds gemacht:
- das Fett in der Pfanne erhitzen
- die noch gefrorenen Fischstäbchen hineinlegen
- vor dem Wenden auf der Unterseite schön braun werden lassen,
  also nicht dauernd hin und her wenden, da sie sonst zerfallen
- Zitrone halbieren, zwei Scheiben zur Tellerdekoration abschneiden
- die restliche Zitrone auspressen und die fertigen Fischstäbchen damit beträufeln

Zauberfisch

Wer Fischstäbchen braten kann, der kann damit viele verschiedene Gerichte zaubern.
Dazu gibt es frischen Salat.

Fischburger

Was man dazu braucht:
1 Semmel
Zwiebelringe
etwas Senf oder Remoulade
3 gebratene Fischstäbchen
Salatblätter, Tomatenscheiben

So wirds gemacht:
- die Semmel aufschneiden, dünn mit Senf oder Remoulade bestreichen
- ein paar zerzupfte Salatblätter, 2 Zwiebelringe, 1 Tomatenscheibe und zum Schluss
- 3 gebratene Fischstäbchen darauf legen

»Fischlein-deck-dich«

Was man dazu braucht:
pro Person 2–3 Fischstäbchen
1 Scheibe Käse

So wirds gemacht:
- die Fischstäbchen nach Vorschrift braten
- Käsescheiben darüber legen, Pfanne zudecken und den Käse schmelzen lassen.
  Das dauert 3–4 Minuten
- den »versteckten Fisch« auf Toastscheiben mit Salat servieren

Man kann die Fischstäbchen mit dem Käse natürlich auch kurz unter den Grill schieben!

Zwerg Nase

In einer Stadt im Frankenland lebte einmal ein Schuster mit seiner Familie. Die Schustersfrau verkaufte Gemüse und Früchte auf dem Markt, die sie in ihrem kleinen Garten vor dem Stadttor anpflanzte. Ihr Sohn Jakob half ihr dabei. Er war ein hübscher, aufgeweckter Junge von zwölf Jahren.

Einmal, als sie wieder auf dem Markt saßen, kam ein hässliches altes Weib, wühlte mit seinen hageren Händen im Kräuterkorb herum und brummte: »Kräutlein schaun, Kräutlein schaun!«

Sie schnüffelte an allem herum und schimpfte: »Schlechtes Zeug! Schlechtes Zeug!«

Jakob ärgerte sich darüber und sagte: »Hör zu, es ist nicht recht, wenn du alles anfasst und dann noch deine lange Nase hineinsteckst, dass es niemand mehr kaufen mag!«

»Gefällt dir meine Nase nicht? Nun, du kannst auch so eine haben!«, murmelte die Alte und wackelte mit dem Kopf hin und her. Sie wühlte im Gemüse, packte sechs Kohlköpfe in ihren Korb und sagte zu der Schustersfrau: »Sag deinem Sohn, er soll mir die Ware nach Hause tragen! Ich bin zu schwach dazu.«

Das konnte die Schustersfrau der Alten schlecht abschlagen.

Ein wenig widerwillig lief Jakob mit der Frau bis zu einem baufälligen alten Haus am Ende der Stadt. Aber als die Alte die Tür aufsperrte, bemerkte er zu seinem großen Erstaunen, dass es im Inneren des Hauses so prächtig war wie in einem Schloss. Jakob trug den Korb hinein. Da schlug die Tür hinter ihm zu.

»Hast schwer getragen! Setz dich aufs Sofa!«, sagte die Alte. »Du sollst ein Süppchen haben, an das du dein Leben lang denken wirst!«

Die Alte zog ein Pfeifchen aus der Tasche und blies hinein. Da kamen Meerschweinchen und Eichhörnchen die Treppe herab, die auf den Hinterbeinen gingen und Pantoffeln aus Nussschalen anhatten. Sie waren wie Küchenjungen angezogen. In ihren Gürteln steckten Rührlöffel und Küchenmesser. Mit erstaunlicher Geschicklichkeit kletterten sie an den Wänden hoch, um Pfannen und Schüsseln, Eier und Butter, Kräuter und Mehl von den Regalen herunterzuholen.

Die Alte setzte die Suppe auf. Das Feuer knisterte. Dampf stieg aus dem Topf, in dem es sprudelte und zischte. Ein angenehmer Duft verbreitete sich. Die Alte hob den Deckel hoch, steckte ihre Nase hinein und krächzte: »So, das Süppchen wird dir schmecken, und gleich wird dir hier alles besser gefallen. Sollst auch ein geschickter Koch werden. Doch das rechte Kräutlein wirst du nirgends finden!«

Der Junge begriff nicht, wovon die Alte sprach, aber die Kräutersuppe schmeckte köstlich. Als er den letzten Löffel davon gegessen hatte, überfiel ihn eine seltsame Müdigkeit. Von diesem Augenblick an wurde aus Jakob ein Eichhörnchen, und er gehörte zu den Dienern der Zauberin. Er musste Schuhe putzen, Böden fegen, Wasser holen und alle möglichen anderen Dienste verrichten.

Mit der Zeit diente er sich vom Küchenjungen hoch bis zum ersten Pastetenmacher. Dabei zeigte er sich so geschickt, dass er Pasteten von zweihunderterlei Zutaten zustande brachte. Als sieben Jahre vergangen waren, befahl ihm die Hexe eines Morgens, ein Huhn zu braten und es schön mit Kräutern zu füllen, bis sie von ihren Besorgungen zurückgekehrt sei. Als er in die Kräuterkammer kam, entdeckte er ein Wandschränkchen, das er noch nie gesehen hatte. Neugierig sah er hinein. Er fand ein Kraut, von dem ein besonders starker und unangenehmer Geruch ausging. Als er daran roch, musste er niesen, immer und immer wieder, bis er schließlich erwachte.

Da war er wieder der Jakob, saß auf dem Sofa, und alles schien nur ein Traum zu sein. Komisch, ich hätte schwören mögen, dachte er, dass ich ein großer Koch gewesen bin! Wie wird meine Mutter lachen, wenn ich ihr das erzähle!

Seltsamerweise konnte er seinen Hals nicht recht bewegen und stieß mit der Nase ständig an. Doch er achtete zunächst nicht darauf, denn er wollte nur so schnell wie möglich nach Hause. Als er aber auf den Markt kam, erkannte ihn seine Mutter nicht, und die Leute, die einkauften, verspotteten ihn: »Ei, seht den hässlichen Zwerg! Wo kommt der denn her?« Auch der Vater verjagte ihn, als Jakob ihn in seiner Schusterbude besuchte und behauptete, sein Sohn zu sein. Kein Mensch konnte in dem kleinen verwachsenen Wesen mit der langen Nase den hübschen Jungen erkennen, der vor Jahren auf rätselhafte Weise verschwunden war.

Langsam begriff Jakob, dass die böse Hexe ihm nicht nur sieben Jahre seines Lebens gestohlen, sondern auch seine Gestalt verändert hatte.

Was sollte er nur machen? Alles, was er gelernt hatte, war, ein guter Koch zu sein. So beschloss er, diese Gabe zu nützen. Er ging zum Palast des Herzogs, der ein bekannter Feinschmecker war, und bewarb sich um eine Stelle als Koch. Der Oberküchenmeister lachte hellauf über diesen Vorschlag. Aber Jakob ließ sich nicht aus der Fassung bringen:

»Was liegt an einem Ei, ein wenig Sirup, Wein, Mehl und Gewürzen?«, sagte er. »Bringt es mir, und ich werde Euch beweisen, dass ich ein Koch bin, wie Ihr noch keinen gesehen habt!«

»Nun, dann wollen wir uns den Spaß gönnen!«, sagte der Küchenmeister. Er brachte Jakob in die riesige Küche. Dort brannte das Feuer auf zwanzig Herden, ein klares Wasser, das zugleich als Fischbehälter diente, floss mitten hindurch. Die Vorräte waren in Schränken aus Holz und Marmor. In zehn Vorratskammern war alles gespeichert, was im Frankenland und auch im Morgenland an Köstlichem für den Gaumen erfunden worden war.

»Was hat der Herzog heute zum Frühstück befohlen?«, erkundigte sich der Oberküchen-meister beim ersten Frühstückmacher. »Die dänische Suppe und rote Hamburger Klößchen!«, antwortete der erste Frühstückmacher.

»Gut. Die Hamburger Klößchen bringt der Zwerg auf keinen Fall zustande. Das Rezept ist ein Geheimnis«, sagte der Oberküchenmeister.

»Nichts leichter als das«, antwortete der kleine Jakob und machte sich an die Arbeit. »Zu den Klößchen brauche ich viererlei Fleisch, etwas Wein, Entenschmalz, Ingwer und ein gewisses Kraut, das man Magentrost nennt.«

»Donnerwetter! Bei welchem Zauberer hast du das gelernt? Das mit dem Kräutchen Magentrost haben selbst wir nicht gewusst!«, staunte der Oberküchenmeister. Weil Jakob kaum mit der Nase bis an den Herd reichte, setzte man ein paar Stühle zusammen und legte eine Marmorplatte darüber, damit er sich darauf stellen konnte. Staunend sahen nun alle Köche zu, wie er mit flinken Händen alles zubereitete. Als der Oberküchenmeister schließlich mit einem goldenen Löffel die Speisen kostete, sagte er ehrfurchtsvoll: »Du bist ein Meister der Kochkunst! So etwas Köstliches habe ich noch nie gegessen!« Die Speisen wurden auf silbernen Platten dem Herzog zum Frühstück serviert. Der ließ den Oberküchenmeister kommen und fragte ihn, wer die Speisen bereitet habe. Darauf erzählte ihm der Oberküchenmeister von dem Zwerg. Da ließ der Herzog den kleinen Jakob rufen, lobte ihn und ernannte ihn zum Unterküchenmeister. Und weil jeder im Palast einen Namen hatte, wurde er »Zwerg Nase« genannt.

Zwerg Nase kochte so köstlich, dass der Herzog jetzt fünfmal statt dreimal am Tag aß. Er war gut gelaunt und wurde jeden Tag fetter. Der Ruhm des Zwerges eilte durch die ganze Stadt. Für einen halben Dukaten täglich durften die Köche anderer reicher Leute in der Stadt dem Zwerg beim Kochen zusehen. Zwei Jahre lebte Zwerg Nase am Hofe des Herzogs. Eines Morgens ging er auf den Gänsemarkt, um nach fetten Gänsen zu suchen, wie sie sein Herr liebte. Schließlich entschied er sich für drei Gänse, lud sie samt Käfig auf seine Schultern und machte sich auf den Heimweg.

Da hörte er, wie eine Gans auf seinem Rücken seufzte und sagte:
»Erstichst du mich, so beiß ich dich. Drückst du mir die Kehle ab,
bring ich dich ins frühe Grab!«
Erschrocken setzte Zwerg Nase den Käfig ab.
Die Gans sah ihn mit traurigen Augen an.
»Ich wette, du hast schon bessere Tage
gesehen!«, sagte der Zwerg.
»Ich bin Mimi, die Tochter des Zauberers von Gotland«,
antwortete die Gans. »Eine böse Fee hat mich verzaubert.«
»Es wird dir kein Leid geschehen«, versprach Zwerg Nase, und er erzählte ihr von seinem
traurigen Schicksal. Als er zu Hause war, baute er einen Stall für Mimi, fütterte und
pflegte sie.
Eines Tages erwartete der Herzog einen fremden Fürsten, der ein ebenso großer Fein-
schmecker war wie er selbst. Der Herzog prahlte mit seinem Koch, der alle Speisen der
Welt zubereiten könne. Daraufhin wollte der Fürst den begnadeten Koch sehen.
Als Zwerg Nase vor ihm stand, lachte er und sagte: »Dein Essen hat vortrefflich ge-
schmeckt. Aber kannst du wohl auch die Pastete Suzeraine, die Königin der Pasteten,
zubereiten?« Zwerg Nase erschrak, denn er hatte von dieser Pastete noch nie gehört.
»Natürlich kann er das!«, sagte der Herzog und befahl die Pastete für den nächsten Tag
auf seine Tafel.
Der Zwerg war verzweifelt und weinte in seiner Kammer, weil er nicht wusste, wie er die
Pastete zubereiten sollte. Da kam die Gans Mimi und sagte: »Diese Pastete haben wir
zu Hause oft gegessen und ich weiß ungefähr, wie sie gemacht wird!«
Zwerg Nase war außer sich vor Freude.
Warm aus dem Ofen und herrlich geschmückt servierte er die Pastete am nächsten Tag
dem Herzog und seinem Gast.
Der Herzog kostete, verdrehte die Augen vor Entzücken und sagte: »Oh, mit Recht nennt
man sie die Königin der Pasteten!«
Sein Gast kostete ebenfalls einen kleinen Bissen und sagte: »Recht ordentlich. Aber den-
noch ist sie nicht ganz richtig zubereitet!«

»Hund von einem Zwerg! Wie kannst du deinem Herrn diese Schande antun! Ich sollte dir den Kopf abhacken lassen!«, rief der Herzog empört. »Ich habe das Gericht nach allen Regeln der Kunst zubereitet«, beteuerte der Zwerg ängstlich.

»Ich hab mir gedacht, dass er es nicht schafft«, sagte der Fürst und lachte schadenfroh.

»Es fehlt ein Kräutlein, das man hierzulande nicht kennt: das Kräutlein Niesmitlust. Ohne es bleibt die Pastete ohne die rechte Würze!«

Da geriet der Herzog noch mehr in Wut und sagte: »Wenn du das Kraut bis morgen nicht beschaffst, werde ich deinen Kopf auf dem Palasttor aufspießen lassen!«

Zwerg Nase ging verzweifelt in seine Kammer und klagte Mimi sein Leid.

»Du hast Glück. Es ist gerade Neumond. Da blüht das Kraut. Es wächst nur unter Kastanien«, sagte Mimi.

»Es gibt Kastanien im Palastgarten!«, rief der Zwerg voller Hoffnung. »Nimm mich auf den Arm! Wir wollen hingehen und danach suchen!«, schlug Mimi vor.

Sie gingen in den Palastgarten. Dort setzte Zwerg Nase Mimi vorsichtig ins Gras. Dann lief sie vor ihm her bis zu den Kastanienbäumen am See.

Aber sosehr sie auch suchten, das Kräutlein war nirgends zu entdecken. Schon wurde es dunkel, und man konnte nicht mehr gut sehen.

»Dort drüben am anderen Ufer des Sees steht noch ein alter Kastanienbaum«, rief der Zwerg. »Vielleicht blüht dort mein Glück!« Die Gans hüpfte und flog voran, er lief hinterher, so schnell er mit seinen kleinen Beinen konnte. Der Baum warf einen großen Schatten und es war so dunkel, dass man fast nichts mehr sehen konnte. Aber plötzlich schlug Mimi mit den Flügeln und rief: »Hier ist es! Hier ist es!«

Sie pflückte einen Stängel von dem Kraut und gab es dem Zwerg. Das Kraut strömte einen süßen Duft aus, der ihm seltsam bekannt vorkam. Er erinnerte ihn plötzlich an die Kräutersuppe, die ihm die böse Hexe gekocht hatte, ehe sie ihn verwandelte.

Der Zwerg sog den Duft tief ein und fühlte, wie sich sein Kopf aus den Schultern hob und seine Nase kleiner und kleiner wurde. Sein Rücken streckte sich und seine Beine wurden wieder länger.

»Wie schön du bist!«, sagte Mimi, die alles mit Staunen beobachtet hatte.

»Ohne dich hätte ich das Kraut nie gefunden und wäre mein Leben lang ein Zwerg geblieben!«, sagte Jakob. »Wie kann ich dir nur dafür danken?«

»Bring mich zu meinem Vater nach Gotland«, bat Mimi.

Jakob packte das wenige, was er hatte, zusammen und schlich sich mit der Gans Mimi unerkannt aus dem Palast.

Der große Zauberer von Gotland entzauberte seine Tochter und überhäufte Jakob mit Geschenken. Reich und glücklich kehrte er in seine Vaterstadt zurück. Seine Eltern erkannten in ihm sofort den verloren geglaubten Sohn und konnten ihr Glück kaum fassen.

Rosmarin

Schnittlauch

Dill

Basilikum

Majoran

Petersilie

Niesmitlust!

Grundrezept für Kurzgebratenes

Wenn du ein kleines Stück Fleisch zubereiten willst, machst du das
am besten in der Pfanne. Ganz gleich, ob du dir ein zartes Steak (das ist am teuersten),
ein Schnitzel (das ist am einfachsten) oder einen »Hamburger« braten willst.
Es gelten immer dieselben Regeln.

1. Du musst beim Einkauf darauf achten, dass du gut abgehangenes Fleisch (Steak!) bekommst.
   Das Hackfleisch allerdings sollte immer frisch gehackt sein, weil es rasch verdirbt.
2 Die Dicke des Fleischstückes bestimmt die Bratzeit. Beim Steak rechnet man 3–4 Minuten
   für jede Seite. Beim Schnitzel und beim »Hamburger« 4–5 Minuten.
3. Fett zum Braten:
   Am besten eignen sich Pflanzenfette oder Öl. Butter oder Margarine enthalten zu viel Wasser
   (spritzt!).

Wir braten ein Schnitzel

Was man dazu braucht:

pro Person etwa 100 g Schnitzelfleisch
2–3 EL Öl
Salz und Pfeffer

So wirds gemacht:

- das Schnitzel von beiden Seiten leicht klopfen, salzen und pfeffern
- das Fett bei höchster Hitzestufe in der Pfanne erhitzen
- das Fleisch vorsichtig mit dem Bratenheber ins heiße Fett legen
- 1 Minute auf jeder Seite (höchste Stufe) anbraten
- dann Temperatur herunterschalten (mittlere Stufe) und noch ca. 3–4 Minuten auf jeder Seite fertig braten

Züricher Geschnetzeltes

Was man dazu braucht:

500 g Kalbfleisch
2 EL Öl
1 fein gehackte Zwiebel
1 EL Mehl
2 EL Zitronensaft
1 Becher süße Sahne
1 EL Butter
1 EL Petersilie
Salz und Pfeffer

So wirds gemacht:

- das Fleisch in Scheiben (Schnitzel) und dann in Streifen schneiden
- Öl in Pfanne erhitzen (Grundrezept, S. 52) und das Fleisch 1–2 Minuten
  bei höchster Hitzestufe anbraten. Auf mittlere Hitze zurückschalten
- das Fleisch mit dem Bratenwender aus der Pfanne nehmen
- die Zwiebeln 2 Minuten braten, das Mehl hinzufügen und mit den Zwiebeln verrühren.
  Den Zitronensaft und die Sahne dazugeben und 2 Minuten aufkochen lassen
- jetzt das Fleisch in die Soße geben, die Butter hinzufügen und noch einmal erhitzen

Was gut dazu schmeckt:

Reis oder Bratkartoffeln

Puten-Geschnetzeltes »1001 Nacht«

Was man dazu braucht:

500 g frisches Putenfleisch

2 EL Öl

1 fein gehackte Zwiebel

1 EL Mehl

2 EL Zitronensaft

1 Becher süße Sahne

1 kleine Dose Pfirsichhälften

100 g Mandelsplitter

Salz, Pfeffer

1 TL Ingwerpulver

1 EL Sojasoße

So wirds gemacht:

- das Fleisch in Scheiben und dann in Streifen schneiden
- Öl in Pfanne erhitzen und die Fleischstückchen 1–2 Minuten bei höchster Hitzestufe anbraten.
  Auf mittlere Hitze zurückschalten und fertig braten (Grundrezept, S. 52)
- das Fleisch mit dem Bratenwender aus der Pfanne nehmen
- die klein gehackten Zwiebeln 2 Minuten in Fett anbraten, das Mehl hinzufügen und mit den Zwiebeln verrühren
- die Soße mit 2 EL Zitronensaft (und eventuell etwas Wasser) ablöschen und aufkochen lassen
- jetzt die Sahne in die Soße rühren, die Mandelstifte und die klein geschnittenen Pfirsichhälften dazugeben, mit Salz, Pfeffer, Ingwer und Sojasoße würzen
- zum Schluss das Fleisch in die Soße geben und darin ziehen lassen

Was gut dazu schmeckt:

Wilder Reis oder Curry-Reis

Zaubereien mit »Hackfleisch«

Hackfleischgerichte sind schnell zubereitet. Hier ist ein Grundrezept, aus dem du die verschiedensten Gerichte zaubern kannst, z. B. »Hamburger«. Achtung: Hackfleisch immer frisch zubereiten und im Kühlschrank aufbewahren!

Was man dazu braucht:

250 g Rinderhack
250 g Schweinehack
2 gehackte Zwiebeln
1 Ei
etwas Salz und Pfeffer
etwas Maggi
1 Brötchen

So wirds gemacht:

- das Brötchen in 1/4 l heißem Wasser einweichen
- in einer Schüssel das Hackfleisch, die gehackten Zwiebeln, das Ei vermischen, mit Salz, Pfeffer und Maggi würzen
- das Brötchen gut ausdrücken und unter den Teig geben; es soll den Teig auflockern
- die Hände anfeuchten und aus dem Teig »Hamburger« formen

Du kannst »Hamburger« in der Pfanne (wie Schnitzel), auf einem Kuchenblech, im Backofen (wie Plätzchen) oder im Grill backen.

Was gut dazu schmeckt: frische Salate

Einfache Salatsoßen

Ganz gleich, welche Salatsorte du verwendest, für jeden Salat gilt: waschen, gut abtropfen lassen und eventuell klein schneiden. Erst kurz vor dem Servieren anrichten (sonst macht dein Salat schlapp!). Dazu mischst du eine eigene Soße, das Dressing, wie der Chefkoch sagt.

A Dressing frisch und herzhaft

2 EL Salatöl mit 1 EL Essig, 1 TL Senf, 1 MSP Salz, etwas Pfeffer und etwas Zucker vermischen.

B Dressing süß und fruchtig

1 Becher Jogurt, Saft 1/2 Zitrone oder Apfelsine, 1 TL Zucker verrühren.

C Dressing Pikant mit Kräutern

1/2 Becher creme fraiche, 1 EL Essig, 1 EL gehackte Kräuter, etwas Salz, Pfeffer, Zucker mischen.

Der wandlungsfähige »Hamburger«

Kaum ein anderes Gericht hat so viele liebevolle Namen, je nachdem, wo es gegessen wird: Fleischküchle, Fleischpflanzl, Fleischlaberl, Fleischbrötel, Frikadellen oder Buletten. In der internationalen Schnellküche bürgert sich immer mehr der Name »Hamburger« ein. Was da allerdings oft drin ist, bleibt im Dunkeln …

Woher der Name Hamburger kommt, ist dagegen kein Geheimnis mehr! Er kommt aus Amerika. Die meisten deutschen Auswanderer kamen mit dem Schiff aus Hamburg. Sie waren sehr arm und konnten sich die teuren Steaks nicht leisten. Aber die tüchtigen Hausfrauen verstanden es, aus Gehacktem schmackhafte Frikadellen zu braten, die schnell überall beliebt waren. Nach ihren Erfindern oder besser Erfinderinnen nannte man die leckeren Bratlinge in New York »Hamburger«. Jetzt heißen sie auf der ganzen Welt so. Auch in Deutschland.

Wenn du deinen »Hamburger« selbst zubereitest, weißt du, was drin ist und du kannst ihn abwechslungsreich garnieren. Besonders knackig schmeckt er mit frischem Salat. Gurken, Tomatenscheiben, Röstzwiebeln und Kräuter sind ebenfalls beliebtes Füllmaterial. Manche mögen ihn auch halbiert und mit Käse überbacken.

Gewürzt wird er mit Ketchup, Senf oder Majonäse.

Probier doch einmal diese Reihenfolge für die Füllung:

- Salat – Gurke – »HAMBURGER« – Käse – Tomatenscheiben
- Käse – »HAMBURGER« – Ananasscheibe – Käse
- Salat – »HAMBURGER« – Senf - Zwiebelringe – Salat
- Majonäse – Salatgurke – »HAMBURGER« – Röstzwiebeln
- Senf – gerösteter Frühstücksspeck – »HAMBURGER« – Feldsalat

Schlaraffenland

Jeder hat schon vom Schlaraffenland gehört, aber nur wenige sind dort gewesen. Deshalb will ich euch von dem wunderbaren Land erzählen:

Die Häuser sind aus Lebkuchen gebaut und die Dächer mit Eierfladen gedeckt. Die Balken sind aus Schweinebraten und um jedes Haus steht ein Zaun aus herrlichen gebratenen Würsten.

Aus den Brunnen rinnt bester Wein, man muss nur den Mund darunter halten. Auf Birken und Weiden wachsen frisch gebackene Semmeln und unter den Bäumen fließen die Milchbäche. In die fallen die Semmeln hinein und weichen von selbst für diejenigen, die gern einbrocken. Die Fische schwimmen schon gebraten im Fluss und hüpfen den guten Schlaraffen in die Hand, dass sie sich nicht einmal zu bücken brauchen. Auch die Vögel fliegen gebraten durch die Luft: Gänse, Truthähne, Tauben, Enten und Fasane. Und wem es zu viel Mühe macht, die Hand auszustrecken, dem fliegen sie direkt in den Mund hinein. Auch Spanferkel laufen knusprig umher und haben das Tranchiermesser schon im Rücken, damit man sich gleich ein saftiges Stück abschneiden kann.

Käse wachsen, so wie Steine, groß und klein auf allen Wegen. Wenn es regnet, regnet es süße Honigtropfen, und wenn es schneit, so schneit es klaren Zucker. Wenn es hagelt, dann hagelt es Würfelzucker, Mandeln und Rosinen ...

Die Pferde legen keine Rossäpfel, sondern große Eier. Man kann tausend davon für einen Pfennig kaufen. Das Geld kann man von den Bäumen schütteln wie Kastanien.

In den Wäldern wachsen die schönsten Kleider, Röcke, Blusen, Mäntel und Pullover in allen Farben. Man braucht sie nur von den Bäumen zu pflücken und anzuziehen.

In den Büschen hängen Stiefel und Schuhe wie reife Früchte. Für jede Stunde Schlaf bekommt man einen Gulden und für jedes Gähnen einen Doppeltaler. Wer gern arbeitet, wird des Landes verwiesen. Wer nichts kann als essen, trinken, tanzen und spielen, wird zum Grafen ernannt.

Der Faulste und Untauglichste wird König und hat ein großes Einkommen.

Nun wisst ihr genug vom Schlaraffenland.

Wer hineinreisen möchte, der soll einen Tauben oder einen Stummen nach dem Weg fragen. Sie zeigen ihm gewiss nicht den falschen. Das Land liegt allerdings hinter einer berghohen Mauer aus Reisbrei. Wer hinein- oder herauswill, der muss sich erst hindurchessen.

Grundrezept Obstsalat

1 reife Honigmelone

250 g grüne und blaue Weintrauben

250 g Beeren (Erdbeeren, Himbeeren, Brombeeren)

2 Pfirsiche (eventuell aus der Dose)

1 Apfel

1 Birne

1 Zitrone

100 g Zucker

1 Vanillezucker

1 Becher süße Sahne

2 EL Zucker

So wirds gemacht:

- Melone aufschneiden, Kerne entfernen. Fruchtfleisch in 1 cm große Würfel schneiden.
- die Weintrauben und die Beeren waschen
- den Apfel und die Birne schneiden, in kleine Scheibchen schneiden und mit Zitronensaft beträufeln, damit sie nicht braun werden
- die Obststückchen in eine große Schüssel geben
- Zitronensaft, Zucker, Vanillezucker darüber streuen, 30 Minuten im Kühlschrank ziehen lassen
- mit der geschlagenen Sahne verzieren

Tipp:

Geschickte Köche benutzen zum Anrichten die Melonenschale

Himmlische Ananas

Was man dazu braucht:
1 Obstsalat
(Grundrezept Seite 61)
1 frische Ananas
(statt Melone)

So wirds gemacht:

- die Ananas halbieren und das Fruchtfleisch vorsichtig herauslösen
- den Obstsalat und die Ananasstückchen wieder in die Fruchthälften füllen, ein wenig kühl stellen
- mit Schlagsahne oder einer Eiskugel verzieren

Schmeckt köstlich!

Schoko-Banane

Was man dazu braucht:
4 Bananen
100 g Schokolade oder 1 Becher Kuvertüre
Frischhaltefolie

So wirds gemacht:
- Bananen schälen und auf die Frischhaltefolie legen
- zerkleinerte Schokolade oder Kuvertüre in einem Topf bei ganz kleiner Hitze langsam zum Schmelzen bringen
- mit einem Backpinsel die oberen Hälften der Bananen mit Schokoladenguss bepinseln, etwas antrocknen lassen, dann wenden und die andere Seite mit Schokolade überziehen

Jetzt sehen die Bananen wie Baumstämme aus dem Schlaraffenland aus: richtig zum Anbeißen.

Kalter Hund

Was man dazu braucht:

250 g Kokosfett

250 g Butterkekse

125 g Puderzucker

2 Eier

2 EL Kakao

1 Päckchen Vanillezucker

1/2 Fläschchen Rum-Aroma

So wirds gemacht:

- Kakao, Rum-Aroma und die Eier mit dem Rührgerät glatt rühren
- in einem Topf das Kokosfett auf Stufe 1 schmelzen lassen und unter die Kakaomasse rühren
- eine Kastenform mit Pergamentpapier auslegen
- jetzt eine Schicht Kekse in die Form legen, dann eine dünne Schicht Kakaomasse, dann wieder eine Schicht Kekse usw., bis Kakaomasse und Kekse verbraucht sind
- den Schichtkuchen in den Kühlschrank stellen. Wenn er hart geworden ist (dauert 2–3 Stunden), kannst du ihn in Scheiben aufschneiden

Eis mit heißen Himbeeren

Was man dazu braucht:

1 Paket Vanilleeis

1 Paket tiefgefrorene Himbeeren oder 250 g frische Himbeeren

1 EL Zucker

1 Vanillezucker

So wirds gemacht:

- Himbeeren kurz erhitzen (aber nicht verkochen!) und mit dem Zucker und dem Vanillezucker abschmecken
- Vanilleeiskugeln im Eisbecher verteilen
- die heißen Himbeeren darüber geben und sofort servieren

Hänsel und Gretel

Es war einmal ein armer Holzfäller, der lebte mit seiner Frau und seinen beiden Kindern in einem kleinen Haus am Wald. Der Junge hieß Hänsel und das Mädchen hieß Gretel. Es herrschte so große Not im Land, dass die Leute nicht wussten, wovon sie ihre Kinder ernähren sollten.

Da überredete die Frau den Mann, die Kinder nach der Arbeit allein im Wald zurückzulassen. Doch Hänsel, der das Gespräch der Eltern belauscht hatte, streute Kieselsteine auf den Weg und fand so mit Gretel wieder den Weg zu dem kleinen Haus am Wald.

Als die Not immer schlimmer wurde, brachten die Holzfällersleute die Kinder wieder in den Wald. Diesmal streute Hänsel Brotkrümel auf den Weg, weil er nichts anderes hatte. Doch als die Kinder am Abend danach suchten, waren sie verschwunden. Die Waldvögel hatten sie aufgepickt.

Die Kinder irrten die ganze Nacht im Wald umher. Auch am nächsten und übernächsten Tag fanden sie den Weg nicht. Hätten sie nicht ein paar Beeren gesammelt, wären sie sicher bald vor Hunger gestorben. Am dritten Tag kamen sie dann zu einem seltsamen Haus. Es war aus Brot gebacken und mit Lebkuchen bedeckt. Die Fenster waren aus hellem Zucker. Hänsel brach sich ein Stück vom Dach ab. Da rief eine feine Stimme von drinnen:

Knusper, knusper, knäuschen,

wer knuspert an meinem Häuschen?

Die Kinder antworteten: »Der Wind, der Wind, das himmlische Kind!«

Da ging auf einmal die Tür auf, und eine steinalte Frau kam heraus. Hänsel und Gretel erschraken gewaltig.

»Kommt nur herein und bleibt bei mir. Es geschieht euch kein Leid!«, sagte die Alte und lockte die Kinder ins Haus. Dort trug sie gutes Essen auf: Milch und Pfannkuchen mit

Zucker, Äpfel und Nüsse. Hänsel und Gretel hatten lange nichts gegessen und langten tüchtig zu. Danach legten sie sich in zwei weiche Betten und dachten, sie wären im Himmel. Die Alte aber war eine böse Hexe. Sie hatte das Lebkuchenhaus bloß gebaut, um Kinder anzulocken.

Am anderen Morgen, als die Kinder noch fest schliefen, packte sie Hänsel und sperrte ihn in einen kleinen Stall.

Dann ging sie zu Gretel, rüttelte sie wach und rief: »Steh auf und hol Wasser! Koch deinem Bruder was Gutes! Der sitzt im Stall und soll fett werden. Wenn er dick genug ist, will ich ihn essen!« Gretel fing bitterlich an zu weinen. Aber es war alles vergeblich. Sie musste tun, was die böse Hexe verlangte.

Jeden Morgen ging die Hexe zum Stall und rief: »Hänsel, steck den Finger heraus, damit ich fühle, ob du bald fett bist!«

Aber Hänsel steckte einen Knochen durchs Gitter, und die Hexe wunderte sich, dass er nicht fett werden wollte.

Nach vier Wochen riss der Hexe die Geduld und sie rief: »Fett oder mager! Heute will ich ihn schlachten und kochen! Dazu wollen wir Brot backen! Ich hab den Teig schon geknetet und den Backofen eingeheizt! Los, Gretel! Kriech hinein und sieh, ob der Ofen heiß genug ist!«

Die Alte wollte nämlich hinter Gretel die Ofentür zuschlagen und sie braten.

Aber Gretel ahnte, was die Hexe im Sinn hatte. Sie stellte sich dumm und sagte:

»Wie komm ich da hinein?«

»Dumme Gans!«, zischte die Hexe und steckte ihren Kopf in den Backofen, um Gretel zu zeigen, wie man es anfängt. Da gab ihr Gretel einen Stoß und schlug die eiserne Tür zu. Die Hexe heulte schauerlich. Aber Gretel lief fort und ließ sie verbrennen. Dann befreite sie Hänsel aus dem Stall.

Der fiel seiner Schwester um den Hals und sie tanzten vor Freude im Haus herum. Dort entdeckten sie eine Truhe mit Perlen und Edelsteinen. Sie nahmen so viel sie tragen konnten und liefen so lange durch den Hexenwald, bis sie endlich wieder zum Haus ihrer Eltern zurückfanden.

Rührkuchen »Gretel«

Solange Gretel bei der Hexe war, musste sie täglich einen Rührkuchen backen, um den armen Hänsel zu mästen. Das Rezept war so einfach, dass sie es nie vergessen hat.

Grundrezept Rührkuchen

250 g Butter
250 g Zucker
250 g Mehl
4 Eier
1 TL Backpulver
1 Päckchen Vanillezucker

So wirds gemacht:
- die zimmerwarme Butter mit dem Rührgerät schaumig rühren
- Zucker und Eier abwechselnd dazugeben
- erst zum Schluss (!), wenn die Masse schön cremig ist, esslöffelweise das Mehl darunter rühren
- den Teig in die gefettete Form geben und bei mittlerer Temperatur (175°C) etwa eine Stunde backen (Stäbchenprobe!)

Tipps und Tricks

So bleibt der Kuchen auch ohne Form in Form

- **Stäbchenprobe**

  Die Backzeit, die der Kuchen benötigt, kann von Herd zu Herd etwas unterschiedlich sein. Daher ist es besser, wenn du die »Stäbchenprobe« machst, ehe du den Kuchen herausnimmst. Mit einem Holzstäbchen oder einer Stricknadel sticht man in den Kuchen. Bleibt kein Teig daran hängen, ist der Kuchen fertig.

- Kuchen nach dem Backen nicht sofort aus der Form nehmen. Er braucht ein paar Minuten, um abzukühlen und sich zu festigen.

- Der Kuchen klebt nicht in der Form, wenn du sie vorher entsprechend vorbereitest. Du musst die Form (oder das Kuchenblech) einfetten. Das geht am besten mit einem Fettpinsel. Du kannst sie zusätzlich »ausbröseln«, d.h. mit 1 EL Semmelbrösel so bestreuen, dass die Innenfläche ganz bedeckt ist.

- Besonders leicht löst sich der Kuchen aus der Springform, weil man da den Rand aufmachen und wegnehmen kann.
- Vom Blech oder Tortenboden entfernt man den Kuchen (oder die Plätzchen) am besten mit einem breiten Tortenheber.
- Für Kuchenbleche gibt es Backtrennpapier. Man legt das Blech damit aus. So können auch sehr empfindliche Plätzchen mühelos vom Blech gehoben werden. Das Papier kann mehrfach verwendet werden.
- Den Kuchen immer so in den Backofen schieben, dass er sich in der Mitte der Backröhre befindet.
  BLECHE: mittlere Schiene; HÖHERE FORMEN: weiter unten.
  Wenn der Kuchen oben knusprig werden soll (Butterkuchen), solltest du ihn eine Schiene höher einschieben.

Wie man Gretels Kuchen verzaubern kann:

Man kann ihn in verschiedenen Formen backen und erhält so
- einen Gugelhupf
- einen Ring (»Frankfurter Kranz«)
- einen rechteckigen Kuchen (Königskuchenform)
- eine Torte (Springform)
- kleine Törtchen, ein Herz, einen Hasen … je nachdem, welche Formen ihr eben aussucht …

Gretels »Zauberkuchen«

Rosinen-Nuss-Kuchen:

wenn man in den Teig eine Tasse gehackte Haselnüsse und eine halbe Tasse Rosinen gibt, erhält man einen Rosinen-Nuss-Kuchen

Zitronenkuchen:

150 g Puderzucker mit 2 EL Zitronensaft in einer Tasse glatt rühren und den Kuchen mit der Zitronenglasur überziehen. Mit klein geschnittenen kandierten Früchten verziert sieht er besonders hübsch aus

Makronenkuchen:

1 Eiweiß steif schlagen, 2 EL Zucker und 100 g geriebene Mandeln darunter mischen. Gretels Kuchen nach Grundrezept (Seite 67) zubereiten und in die Form geben.
Den Mandelschnee darauf verteilen und vorsichtig vermischen. Backen wie Grundrezept.

Sandkuchen:

man nimmt statt Mehl Mondamin, dann wird der Kuchen besonders zart und locker

 **Schokoladenkuchen:**

unter den Teig Schokoladenstücke mischen und über den Kuchen eine Schokoladen-glasur geben

Aprikosenkuchen:

ein Glas Aprikosenkonfitüre (450 g) mit 3 EL Wasser und 1 EL Zucker bei mittlerer Hitze aufkochen. Über den fertigen Kuchen streichen und fest werden lassen. Darüber kann man zusätzlich eine Schokoladenglasur geben. Das schmeckt besonders lecker.

Marmorkuchen:

$1/3$ des Teiges mit 2 EL Kakaopulver braun färben. Abwechselnd eine Schicht hellen Teig und eine Schicht braunen Teig in die Form geben und mit einer Gabel einmal wellenförmig durchziehen, damit das typische »Marmormuster« entsteht (also nicht verrühren!)

Geburtstagskuchen:

man kann kleine Kerzen darauf setzen oder eine dicke Kerze in die Mitte stellen. So erhält man einen Geburtstagskuchen. Man kann zusätzlich einen Glückspfennig oder Loszettel in Folie wickeln und mitbacken. So wird es ein Geburtstags-Überraschungskuchen!

Man kann auch seinen eigenen Zauberkuchen erfinden ...

Apfelkuchen »Goldmarie«

Was man dazu braucht:
Rührkuchenteig Grundrezept
1 kg Äpfel

So wirds gemacht:
- Rührteig nach Grundrezept zubereiten (S. 67)
- Äpfel schälen, vierteln, entkernen
- die Hälfte des Teiges in eine gefettete Springform füllen
- Äpfel darauf verteilen
- den restlichen Teig darüber geben und glatt streichen

Auf dem unteren Rost im Backofen bei 175 °C ungefähr 70 Minuten backen.

Variation:
statt Äpfel kannst du auch Aprikosen oder gut abgetropfte Sauerkirschen nehmen

Hexe Emmas flinker Butterkuchen

Was man dazu braucht:

für jeden Kuchen:
1 Becher Sahne
1 Becher Zucker
2 Becher Mehl
4 Eier
1 Päckchen Vanillezucker
1 Päckchen Backpulver
1 MSP Salz

für den Guss:
125 g Butter
1 Becher Zucker
1 Päckchen Vanillezucker
4 EL Milch
200 g Mandelstifte

So wirds gemacht:
- die Sahne in eine Rührschüssel gießen
- Becher ausspülen und als Messbecher verwenden
- Zucker, Vanillezucker und Eier mit der Sahne gut verrühren. Zum Schluss Mehl, Backpulver und Salz dazugeben
- den fertigen Teig auf ein gefettetes und gemehltes Blech streichen und 10 Minuten backen (mittlere Schiene, 180–200 °C)

In der Zwischenzeit bereitest du den Guss zu:
- die Butter in einem Töpfchen erwärmen, mit Zucker, Vanillezucker und Milch verrühren und nach 10 Minuten Backzeit auf den Kuchen streichen
- die Mandeln gleichmäßig darüber streuen
- eine Schiene höher den Kuchen noch einmal 10 Minuten backen. Fertig!
  Das ist wirklich eine Hexerei …

Lebkuchen »Hexenhaus«

Was man dazu braucht:

350 g Honig

100 g Zucker

100 g Butter

1 Ei

1 EL Wasser

1 EL Kakaopulver

500 g Mehl

Gewürze (gemahlen!): je ½ TL Zimt, Nelken, Kardamom, Muskat, Piment, Koriander und Ingwer
je ½ TL Pottasche und Hirschhornsalz (gibts in der Apotheke!)

So wirds gemacht:

- in einem Topf Honig, Zucker und Butter bei mittlerer Hitze erwärmen, bis sich der Zucker gelöst hat. Abkühlen lassen.
- Ei, Kakao und alle Gewürze hinzufügen
- Pottasche und Hirschhornsalz in 1 EL Wasser auflösen, zusammen mit dem Mehl unter die Honigmasse geben und zu einem festen Teig kneten
- den Teig in Folie packen und einen Tag bei Zimmertemperatur ruhen lassen
- nochmals gut durchkneten und auf dem mit Mehl bestreuten Backbrett ca. 2 mm dick ausrollen
- Rechtecke oder Figuren ausstechen und auf einem gefetteten und mit Mehl bestreuten Blech bei 180 °C 15–20 Minuten backen
- wenn die Lebkuchen abgekühlt sind, kannst du sie mit bunter Zuckerglasur bemalen, mit gezuckertem Eischnee verzieren oder mit Schokoladenglasur überziehen

Zimt • Nelken • Muskat • Kardamom • Piment • Ingwer

Hexenhaus

Du kannst dir auch ein Lebkuchenhaus bauen:

- bastle ein Papphaus und beklebe es mit Lebkuchen (Zuckerguss ist guter »Leim«: 1 Eiweiß mit 150 g Puderzucker so lange verrühren, bis der Guss streichfähig ist)
- verziere es mit bunten Leckereien
- als Fensterscheiben nimmst du rote Gelatine oder Transparentpapier

Ursel Scheffler wurde 1938 in Nürnberg geboren, studierte Sprachen und Literatur in München und schrieb ihre Magisterarbeit über das Französische Märchen. Sie heiratete 1960. Drei neugierige Kinder machten bald aus der leidenschaftlichen Leserin eine Geschichtenerfinderin. Ihre zahlreichen Kinderbücher erscheinen seitdem in bekannten deutschen und ausländischen Verlagen (www.scheffler-web.de).

Ihr Schreibtisch steht heute in Hamburg. Dort rief sie am 11.11.2011 das inzwischen über die Landesgrenzen hinaus erfolgreiche Leseförder-Projekt »Büchertürme« ins Leben (www.büchertürme.de).

Jutta Timm, geboren in Cuxhaven, aufgewachsen in Karlsruhe, war nach einem Grafikstudium mehrere Jahre als Werbegrafikerin tätig. Sie hat zwei Kinder, sechs Enkelkinder und lebt seit 1971 mit ihrem Mann in Hamburg. Seit 1983 arbeitet sie als freiberufliche Illustratorin. Mehr als 80 Bücher sind in deutschen und ausländischen Verlagen erschienen. Einige auf Englisch, Französisch, Dänisch, Holländisch, Griechisch, Italienisch, Chinesisch und Koreanisch. Sie arbeitete für die TV-Serie »Siebenstein« beim ZDF und die Rundfunkserie »Ohrenbär«. Ausgezeichnet wurde sie mit dem UNICEF-Preis und dem amerikanischen Kinderbuchpreis »North South Books«.

Die Originalausgabe erschien zuerst 2003 im Verlag arsEdition in München.

Verlagsgruppe Random House FSC® N001967

Die Deutsche Nationalbibliothek verzeichnet diese Publikation in
der Deutschen Nationalbibliografie; detaillierte bibliografische Daten
sind im Internet unter http://dnb.d-nb.de abrufbar.

© 2020 by Anaconda Verlag, einem Unternehmen der
Verlagsgruppe Random House GmbH,
Neumarkter Straße 28, 81673 München
Alle Rechte vorbehalten.
Umschlagillustration: Jutta Timm
Umschlaggestaltung: dyadesign, www.dya.de,
    nach dem Entwurf der Originalausgabe
Satzarbeiten: InterMedia – Lemke e. K.,
    Heiligenhaus
Druck und Bindung: Alföldi, Debrecen
Printed in Hungary
ISBN 978-3-7306-0906-4
www.anacondaverlag.de

Hörnchen

Ravioli

Schnittlauch

Dill

Makkaroni

Spaghetti

Schleifen

Sternchen

Majoran

Bandnudeln (Fettucini)

Tortellini

Cannelloni

Basilikum

Rosmarin

Petersilie

Muscheln

Zöpfli